Sé un
Hacedor
de
Círculos

Sé un Hacedor de Círculos

La solución
para 10,000 problemas

Mark Batterson

La misión de Editorial Vida es ser la compañía líder en comunicación cristiana que satisfaga las necesidades de las personas, con recursos cuyo contenido glorifique a Jesucristo y promueva principios bíblicos.

SÉ UN HACEDOR DE CÍRCULOS
Edición en español publicada por
Editorial Vida – 2014
Miami, Florida

© 2014 por Mark Batterson

Este título también está disponible en formato electrónico.

Originally published in the USA under the title:
Draw the Circle
Copyright © 2012 by Mark Batterson
Published by permission of Zondervan, Grand Rapids, Michigan 49530
All rights reserved
Further reproduction or distribution is prohibited.

Editora en Jefe: *Graciela Lelli*
Traducción: *Andrés Carrodeguas*
Edición: *Marta Liana García*
Diseño interior: *Mauricio Díaz*

ISBN: 978-0-8297-6649-3
CATEGORÍA: Vida cristiana / Crecimiento espiritual

IMPRESO EN ESTADOS UNIDOS DE AMÉRICA
PRINTED IN UNITED STATES

14 15 16 17 18 OPM 6 5 4 3 2 1

Contenido

1. La leyenda del
   Hacedor de Círculos............... 7

2. Los hacedores de círculos 15

3. La solución a
   diez mil problemas............... 29

   Notas 55

Capítulo 1

La leyenda del Hacedor de Círculos

Los niños danzaban en medio de la lluvia como si fuera la primera vez que veían llover. Y en realidad lo era. Los padres levantaban la cabeza, abrían la boca y bebían las gotas de lluvia como si se tratara de una libación. Y lo era. Cuando no ha llovido en más de un año, las gotas de lluvia son como diamantes que caen desde el cielo.

Aquel sería recordado para siempre como *el día*. El día en que los truenos aplaudieron al Todopoderoso. El día en que saltar en los charcos se convirtió en un acto de alabanza. El día en que nació la leyenda del Hacedor de Círculos.

Corría el siglo primero A.C., y una devastadora sequía amenazaba con destruir a toda una generación, la generación anterior a la de Jesús. Los últimos profetas judíos habían muerto cerca de cuatro siglos antes. Los milagros eran unos recuerdos tan lejanos que parecían falsos recuerdos. Y por ninguna parte se oía a Dios. Pero había un hombre, un excéntrico sabio que vivía en las afueras de los muros de Jerusalén, que se atrevió a orar de todas formas. Se llamaba Honi. Y aunque el pueblo ya no pudiera oír a Dios, él creía que Dios sí los podía escuchar aún a ellos.

Cuando abundan las lluvias, se piensa poco en ellas. Durante una sequía, son lo único en que se piensa. Y Honi era su única esperanza. Famoso por su capacidad de orar para pedir la lluvia, en ese día, *el día,* fue cuando Honi se ganó su apodo.

Con una vara de metro ochenta en la mano, Honi comenzó a girar como si fuera un compás de matemáticas. Su movimiento circular era rítmico y metódico. Noventa grados. Ciento ochenta grados. Doscientos setenta grados. Trescientos sesenta grados. Nunca miró hacia arriba mientras la multitud lo observaba. Después de lo que pareció horas, pero solo había sido cuestión de segundos, Honi se puso en pie dentro del círculo que había trazado. Entonces cayó de rodillas y levantó las manos al cielo. Con la misma autoridad que el profeta Elías, que había hecho caer fuego del cielo, Honi llamó a la lluvia:

> *«Señor del universo, juro ante tu gran nombre que no me voy a mover de este círculo mientras tú no les hayas mostrado misericordia a tus hijos».*

Aquellas palabras hicieron que un escalofrío recorriera la columna vertebral de todos los que lo pudieron oír aquel día. No era solo el volumen de su voz; era la autoridad que había en su tono. No había la más mínima duda. Aquella oración no se había originado en sus cuerdas vocales. Como fluye el agua de un pozo artesiano, las palabras fluyeron desde lo profundo de su alma. Su oración era resuelta, pero humilde; confiada, pero llena de mansedumbre; expectante, pero modesta.

Y entonces, sucedió.

Mientras su oración ascendía a los cielos, las gotas de lluvia descendían a la tierra. Se oyó el ahogado grito de las miles de personas que habían rodeado a Honi. Todas las cabezas se voltearon hacia arriba cuando las primeras gotas de lluvia comenzaron a caer del cielo, pero la cabeza de Honi permanecía inclinada. El pueblo se regocijaba con cada gota, pero Honi no estaba satisfecho con una simple llovizna. Arrodillado todavía dentro del círculo, Honi levantó su voz por encima de los sonidos de celebración:

«No he orado por una lluvia así, sino por una lluvia que llene las cisternas, los hoyos y las cavernas».

La llovizna se convirtió en un chaparrón tan torrencial, que los testigos presenciales decían que no había ninguna gota de agua cuyo tamaño fuera menor que el de un huevo. Llovió tan fuerte y por tanto tiempo, que la gente huyó al monte del templo para escapar de las inundaciones repentinas. Honi se quedó y oró dentro de su amplio círculo. Una vez más precisó su osada petición:

«No he orado por esta clase de lluvia, sino por una lluvia de tu favor, tu bendición y tu bondad».

Entonces, como una lluvia con sol bien proporcionada en una tarde caliente y húmeda de agosto, comenzó a llover serena y pacíficamente. Cada gota de lluvia era una muestra palpable de la gracia de Dios. Y no se limitaron a empaparles la piel, sino que les empaparon el espíritu con la fe. Había sido difícil creer el día anterior al *día*. En cambio, el día después del *día*, era imposible *no* creer.

Por fin, el polvo se volvió lodo, y después volvió a ser polvo. Luego de calmar su sed, la multitud se dispersó. Y el hacedor de lluvia regresó a su humilde casucha en las afueras de Jerusalén. La vida volvió a la normalidad, pero había nacido la leyenda del Hacedor de Círculos.

Honi fue elogiado como el héroe de la ciudad por la gente cuya vida él había salvado. Sin embargo, en el Sanedrín hubo quienes interrogaron al Hacedor de Círculos. Una facción creía que trazar un círculo y exigir lluvia era algo que deshonraba a Dios. Tal vez fueran esos mismos miembros del Sanedrín los que criticarían a Jesús una generación más tarde por haber sanado en el día de reposo a un hombre que tenía una mano seca. Amenazaron a Honi con excomulgarlo, pero como no era posible repudiar el milagro, al final fue honrado por su bravo acto de oración.

La oración que salvó a una generación fue considerada como una de las oraciones más significativas en la historia de Israel. El círculo que trazó en el suelo se convirtió en un símbolo sagrado. Y la leyenda de Honi, el Hacedor de Círculos, permanece para siempre como testimonio del poder que tiene una sola oración para cambiar el curso de la historia. *Todo fue una Tremenda vendición*

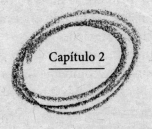

Capítulo 2

Los hacedores
de círculos

El Tiempo Pasa Rapido (handwritten annotation)

La tierra le ha dado más de dos mil vueltas al sol desde *el día* en que Honi trazó su círculo en la arena, pero Dios todavía sigue buscando hacedores de círculos. Y la verdad eterna oculta dentro de esta antigua leyenda es tan cierta ahora como lo era entonces: *las oraciones osadas honran a Dios y Dios honra las oraciones osadas*. A Dios no le ofenden tus sueños más grandes ni tus oraciones más osadas. Todo lo que sea inferior a ellos, le ofende. Si tus oraciones no son imposibles para ti, están insultando a Dios. ¿Por qué? Porque no necesitan una intervención divina. En cambio, pídele a Dios que abra el Mar Rojo, o que haga que se detenga el sol, o que flote la cabeza de hierro de un hacha, y Dios se verá movido a actuar con su omnipotencia.

Dios en vusca (handwritten annotation)

Sierto (handwritten annotation)

Todo con fe (handwritten annotation)

No hay nada que le guste más a Dios que cumplir promesas, responder oraciones, realizar milagros y cumplir sueños. Eso es *lo que* él es. Eso es *lo que* él hace. Y mientras más grande sea al círculo que tracemos, mejor, porque Dios recibe más gloria. Los instantes más maravillosos son esos momentos milagrosos en los que se cruzan la impotencia humana y la omnipotencia divina, y se cruzan cuando nosotros trazamos un círculo alrededor de las situaciones imposibles que tenemos en la vida e invitamos a Dios a intervenir.

Te puedo asegurar esto: Dios está listo y esperando. Así que, aunque no tengo idea de las circunstancias en las que te encuentras, estoy seguro de que solamente estás a una oración de distancia de un sueño cumplido, una promesa guardada o un milagro realizado.

Es absolutamente imprescindible que al principio aceptes esta verdad tan sencilla y tan capaz de transformar la vida a la vez: *Dios está de nuestra parte.* Si no lo crees, entonces harás unas pequeñas oraciones tímidas; si lo crees, entonces harás grandes oraciones llenas de audacia. Y ya sea de una forma o de otra, tus oraciones, pequeñas y tímidas, o grandes y audaces, van a cambiar la trayectoria de tu vida para convertirte en dos personas que van a ser totalmente diferentes. Las oraciones son profecías. Son las mejores predicciones sobre tu futuro espiritual. *La forma en que oras determina en quién te conviertes.* A fin de cuentas, la transcripción de tus oraciones se convierte en el guion de tu vida.

¿Quieres recibir la inspiración necesaria para hacer grandes oraciones, orar con energía y pensar a largo plazo? ¿Quieres aprender a reclamar las promesas hechas por Dios, perseguir unos sueños que son del tamaño de Dios y aprovechar unas oportunidades dispuestas por Dios; trazar círculos de oración alrededor de tu familia, tu trabajo, tus problemas y tus metas? Antes que aprendas *de qué forma* trazar los círculos de oración, es importante que comprendas *por qué* es tan importante hacerlo. Trazar círculos de oración no es ningún truco de magia para conseguir de Dios lo que quieres. Dios no es un genio encerrado en una botella, ni tus deseos son órdenes para él. Mejor será que sus órdenes sean tus deseos. Si no lo son, no estarás trazando círculos de oración, sino que terminarás caminando en círculos.

Se comienza a trazar círculos de oración con el discernimiento de lo que quiere Dios; de aquello que es la voluntad de Dios. Y mientras su voluntad soberana no se convierta en tu deseo santificado, tu vida de oración no estará conectada a su fuente de energía. Claro, puedes llevar a la práctica algunos de los principios en cuanto a convertirte en un hacedor de círculos, y tal vez te ayuden a conseguir lo que quieres, pero la meta no consiste en conseguir lo que quieres; la meta consiste en glorificar a Dios a base de trazar círculos alrededor de las promesas, los milagros y los sueños que él quiere para ti.

Mi primer círculo

A lo largo de los años, he trazado círculos de oración alrededor de las promesas que aparecen en las Escrituras y las promesas que ha concebido el Espíritu Santo en mi espíritu. He trazado círculos de oración alrededor de situaciones imposibles y personas imposibles. He trazado círculos de oración alrededor de todo, desde las metas de mi vida hasta las propiedades. Pero permíteme comenzar por el principio y volver a trazar el primer círculo de oración que tracé en mi vida.

Cuando era un estudiante de seminario de veintidós años de edad, traté de fundar una iglesia en la orilla norte de Chicago, pero esa fundación nunca echó raíces. Seis meses más tarde, con el fracaso de la fundación de una iglesia en mi currículum vítae, Lora y yo nos mudamos de Chicago a Washington, D.C. Se nos presentó la oportunidad de intentar otra vez la fundación de una iglesia, y mi reacción instintiva fue decir que no, pero Dios me dio el valor necesario para enfrentarme a mis temores, tragarme mi orgullo e intentarlo de nuevo.

Nuestro primer año después de la fundación de la iglesia no tuvo nada de fácil. En total, los ingresos de la iglesia eran de dos mil dólares al mes, y de ellos, mil seiscientos eran para pagar el alquiler de la cafetería de la escuela pública donde celebrábamos los cultos de los domingos. En un buen domingo, se aparecían veinticinco personas. Fue entonces cuando aprendí a cerrar los ojos en la adoración, porque aquello era demasiado deprimente para tenerlos abiertos. Aunque poseía los estudios del seminario, en realidad no tenía idea de cómo hacer para guiar a la iglesia. Eso es todo un reto cuando uno *es* el líder. Sentía que no reunía las cualificaciones necesarias, y estaba abrumado, pero entonces es cuando Dios lo tiene a uno exactamente donde lo quiere tener. Así es como se aprende a vivir en una franca dependencia, y esa franca dependencia es la materia prima con la cual Dios realiza sus mayores milagros.

Un día, mientras estaba soñando con la iglesia que Dios quería que abriera en Capitol Hill, sentí que el Espíritu Santo me impulsaba a hacer una caminata de oración. Con frecuencia, yo caminaba y oraba en el dormitorio vacío de nuestra casa, que servía también como oficina de la iglesia, pero esta indicación del Espíritu era diferente.

En aquellos momentos, yo estaba leyendo
el libro de Josué, y una de las promesas saltó
de la página para penetrar en mi espíritu.

> *«Tal como le prometí a Moisés, yo les
> entregaré a ustedes todo lugar que
> toquen sus pies».*

Mientras leía esa promesa que Dios le
hizo a Josué, sentí que él quería que yo re-
clamara la tierra a la que nos había llamado,
y orara estableciendo un perímetro alrededor de todo Capitol Hill. Tenía una seguridad como la de Honi en que, así como Dios
había transferido esa promesa de Moisés a
Josué, también me la transferiría a mí, si
tenía la fe suficiente para trazar un círculo
alrededor de ella. Así que una mañana caliente y húmeda de agosto, tracé el que sería
mi primer círculo de oración. Aún hoy sigue siendo la caminata de oración más larga que haya hecho jamás.

Comenzando en la puerta del frente de
nuestra casa adosada de Capitol Hill, caminé por la calle F con rumbo este, y giré hacia el sur en la calle 8. Crucé East Capitol, la
calle que divide los cuadrantes NE (noreste)

Círculo de oración
3 - Horas

y SE (sureste) de la ciudad, y giré al oeste en la calle M del SE. Después cerré el círculo, que en realidad era más bien un cuadrado, tomando dirección norte en la calle Capitol del sur. Hice una pausa para orar frente al Capitolio durante unos pocos minutos, y después completé el ciclo de 7,5 kilómetros girando a la derecha en la Union Station y tomando rumbo hacia mi casa. *Fin y 5*

Me es difícil describir lo que sentí cuando acabé de trazar ese círculo. Aunque me dolían los pies, mi espíritu se elevaba. Sentí la misma clase de seguridad santa que deben haber sentido los israelitas cuando cruzaron el río Jordán por tierra seca y pusieron sus pies por vez primera en la tierra prometida. Estaba ansioso por ver la forma en que Dios iba a honrar esa oración. Me había tomado cerca de tres horas terminar aquel círculo de oración, porque cuando voy orando y caminando voy más lento de lo normal, pero Dios ha estado resolviendo esa oración de tres horas durante los últimos quince años.

Desde *el día* en que tracé ese círculo de oración alrededor de Capitol Hill, la

Poner a Dios en Primer Lugar es Fe

National Community Church ha crecido hasta convertirse en una iglesia con siete locales alrededor de la zona metropolitana del D.C. (Distrito de Columbia.) Estamos a punto de lanzar nuestro primer recinto internacional en Berlín, Alemania. Y Dios nos ha dado el privilegio de influir sobre decenas de miles de personas a lo largo de la década y media pasada. *Los siroulos de oracion son para dios-*

Lo inesperado sucede y el final se desconoce

Cuando reflexiono en el pasado, me siento agradecido por los milagros que ha hecho Dios, y estoy intensamente consciente del hecho de que todo milagro tiene una genealogía. Si le sigues el rastro a esos milagros de vuelta a su origen, allí hallarás un milagro de oración. Los milagros son el producto secundario de unas oraciones *que hiciste tú* o *que hicieron por ti.* Y esa debería ser toda la motivación que necesitas para orar.

Dios ha determinado que ciertas expresiones de su poder solo sean ejercitadas como respuestas a la oración. Dicho

Orar para uno otra Perzona dios Responde

Pero Tienes que Pedir Con Todas Las Fuerzas

de forma sencilla, Dios no las va a hacer, a menos que ores para pedirlas. No tenemos porque no pedimos, o tal vez debería decir que no tenemos porque no trazamos el círculo. La mayor tragedia de la vida está en las oraciones que se quedan sin respuesta, porque nosotros no las hemos hecho.

Ora ora y sigue orando

Ahora bien, aquí está la buena noticia: si oras, lo inesperado sucede y el final se desconoce. Puedes vivir con una santa expectación porque nunca sabrás cómo, cuándo o dónde Dios te va a responder, pero te aseguro esto: te va a responder. Y

El Responde

sus respuestas no están limitadas por tus peticiones. Nosotros oramos a partir de nuestra ignorancia, pero Dios responde a partir de su omnisciencia. Oramos desde nuestra impotencia, pero Dios nos responde desde su omnipotencia. Dios puede incluso responder las oraciones que nosotros habríamos debido hacer, pero nos ha faltado el conocimiento, o la capacidad, hasta para hacerlas. _Confía en Dios Siempre_

Durante mi caminata de oración alrededor de Capitol Hill, fui trazando círculos alrededor de cosas que ni siquiera sabía

cómo pedirlas. Sin saberlo, tracé cí
oración alrededor de personas que
aceptarían la fe en Jesús en nuestra cafe
de Capitol Hill, lo que ni siquiera era u.
idea en aquel entonces. Sin saberlo, camine
junto a una edificación situada en la calle 8
y la avenida Virginia del SE, que compra-
ríamos trece años más tarde como resultado de un regalo de 3 millones de dólares, lo
que ni siquiera era todavía una oración. Sin
saberlo, caminé bajo la marquesina de un
teatro de Barracks Row, la calle principal de
Capitol Hill, que nosotros renovaríamos y
volveríamos a abrir como nuestro séptimo
sitio quince años más tarde.

Esas respuestas son un testimonio del
poder de Dios y una manera de recordarte
que si trazas círculos de oración, Dios res-
ponderá esas oraciones de alguna manera,
por algún medio, en algún momento. Dios
ha estado respondiendo esa oración durante
quince años y la seguirá respondiendo por
siempre. Al igual que en el caso de Honi, tus
oraciones tienen el potencial suficiente para
cambiar el curso de la historia. Ya es hora de
comenzar a trazar círculos.

Capítulo 3

La solución a diez
mil problemas

Imagínate más de un millón de aves volando en formación. Ahora, imagínatelas cayendo del cielo. No había nada que comer aunque caminaran durante toda una semana, pero Dios les distribuyó la cena a los israelitas en sus mismas puertas, mientras ellos deambulaban por el desierto. Inmediatamente antes de aquel milagro con las codornices, Dios le hizo una pregunta a Moisés. Más que *una* pregunta, es *la* pregunta. Tu respuesta a esta pregunta, *la pregunta*, va a determinar el tamaño de tus círculos de oración.

«*Acaso el poder del Señor es limitado*».

La respuesta obvia a esa pregunta es que no. Dios es omnipotente, lo cual por definición significa que no hay nada que él no pueda hacer. Y sin embargo, muchos de nosotros oramos como si nuestros problemas fueran más grandes que Dios. Por eso te quiero recordar esta verdad de alto octanaje que debería alimentar tu fe: Dios es infinitamente mayor que el mayor de tus problemas o el mayor de tus sueños. Y mientras estamos en este tema, te recordaré que su gracia es infinitamente mayor que el mayor de tus pecados.

A. W. Tozer, místico moderno, creía que un bajo concepto de Dios es la causa de un centenar de males menores, pero en cambio, un alto concepto de Dios es la solución a diez mil problemas temporales. Si eso es cierto, y yo creo que lo es, entonces tu mayor problema no es un proceso de divorcio, ni un negocio que está fracasando, ni el diagnóstico de un médico. Te ruego que me comprendas: no estoy tomando a la ligera tus problemas en tus relaciones, en tus finanzas ni en tu salud. Por supuesto que no quiero convertir en cosas banales los abrumadores desafíos a los que te puedas estar enfrentando. Pero si quieres recuperar una perspectiva divina sobre tus problemas, tienes que responder esta pregunta: ¿son tus problemas mayores que Dios o es Dios mayor que tus problemas? Nuestro mayor problema es el concepto tan diminuto que tenemos de Dios. Esa es la causa de todos los males menores. Y al contrario, el alto concepto de Dios es la solución a todos los demás problemas.

¿ Acaso el poder del Señor es limitado?

¿Has respondido *la pregunta*? Solo tienes dos opciones: sí o no. Mientras no llegues a convencerte de que la gracia y el poder de Dios no conocen límites, vas a estar trazando círculos de oración pequeños. Una vez que aceptes la omnipotencia de Dios, irás trazando unos círculos cada vez mayores alrededor de los sueños que Dios te ha dado, y que son grandes, como él. *Con la Fe de Dios*

¿Cuán grande es tu Dios? ¿Es lo suficientemente grande como para sanar tu matrimonio o sanar a tu hijo? ¿Es más grande que una resonancia magnética que ha dado un resultado positivo o una evaluación negativa? ¿Es más grande que tu pecado secreto o tu sueño secreto?

Prueba a Dios

Moisés estaba perplejo de que Dios les pudiera prometer carne a los israelitas, no solo por un día o por una semana, sino por un mes. ¡Aquello no tenía lógica! Pero en aquella crítica situación, cuando él tuvo que decidir si hacer o no hacer un círculo alrededor de la promesa, Dios le hizo *la pregunta*.

¿Acaso el poder del Señor es limitado?

Cuando Dios me llevó a orar por un milagro de dos millones de dólares, yo también tuve que responder *la pregunta*. A mí me parecía algo imposible, pero para el Dios que puede entregar ciento cinco millones de codornices salidas de la nada, ¿qué son dos millones de dólares?

El tamaño de nuestras oraciones depende del tamaño de nuestro Dios. Y si Dios no conoce límites, entonces tampoco los deberían conocer nuestras oraciones. Dios existe fuera de las cuatro dimensiones de espacio y tiempo que él mismo creó. ¡Así es como nosotros deberíamos orar!

Esto me recuerda a aquel hombre que estaba poniendo a Dios a prueba, y le preguntó: «Dios mío, ¿cuánto es para ti un millón de años?». Dios le respondió: «Un millón de años es como un segundo». Entonces el hombre le preguntó: «¿Y cuánto es un millón de dólares para ti?», Dios le respondió: «Un millón de dólares es como un centavo». Entonces el hombre sonrió y le dijo: «¿Me puedes dar un centavo?». Dios le devolvió la sonrisa y le dijo: «Por supuesto; espérate un segundo».

Para Dios no hay cosas grandes o pequeñas, fáciles o difíciles, posibles o imposibles. Esto se nos hace difícil de entender, porque todo lo que nosotros hemos conocido siempre son las cuatro dimensiones dentro de las cuales nacimos, pero Dios no se halla sujeto a las leyes naturales que él mismo instituyó. Él no tiene principio ni fin. Para el infinito, todas las cosas finitas son iguales. Hasta nuestras oraciones más difíciles son fáciles de responder para el Omnipotente, porque para él no existen los grados de dificultad.

Si eres como yo, tendrás la tendencia de usar las palabras más grandes para tus peticiones más importantes. Escoges las mejores palabras de tu vocabulario para tus mayores oraciones, como si la respuesta de Dios dependiera de la combinación correcta de tus palabras. Créeme: no importa la cantidad de tiempo que ores, ni lo alto que ores; todo tiene que ver con la forma en que hayas respondido *la pregunta*.

¿Acaso el poder del Señor es limitado?

Con Dios, el problema nunca es si podrá. Solo es cuestión de si lo hará. Y aunque tú no siempre sepas si lo *va* a hacer, sabes que sí *puede* hacerlo. Y porque sabes que puede hacerlo, puedes orar con una santa seguridad.

Las verrugas

Yo respondí *la pregunta* cuando tenía trece años, o tal vez debería decir que alguien respondió *la pregunta* por mí. Un domingo, nuestra familia visitó una nueva iglesia, y el lunes un equipo de oración de esa iglesia se nos presentó sin anunciarse en la puerta del frente de la casa. El timbre de la puerta nos tomó un poco desprevenidos. Lo mismo sucedió con la fe de ellos.

Después de presentarse, solo nos pre[guntaro]n si necesitábamos oración por al[go. En] aquel momento de mi vida, yo estab[a ba]tallando con un asma muy fuerte. Durante los años anteriores a mi adolescencia, me tuvieron que hospitalizar una docena de veces. Así que les pedimos que oraran para que Dios me sanara. El equipo de oración formó un círculo alrededor de mí, y todos me impusieron las manos sobre la cabeza. Aquello me hizo sentir un poco incómodo, pero nunca había oído a nadie orar con tanta intensidad. Oraban como si creyeran. Después de esto, se marcharon.

Entre el momento en que me quedé dormido aquella noche y cuando desperté a la mañana siguiente, Dios hizo un milagro, pero no era el milagro que yo esperaba. Él respondió aquella oración, pero no era la respuesta que yo esperaba. A la mañana siguiente seguía teniendo asma, pero habían desaparecido todas las verrugas que tenía en los pies. No es broma. Al principio me pregunté si Dios no habría interpretado mal la oración. ¿O tal vez se trataba de alguna clase de broma de oración? No pude menos que preguntarme si la oración no sería como ese juego del teléfono, en el cual se pasa un mensaje de una persona a otra, hasta que finalmente llega a Dios. Tal vez en algún lugar entre la tierra y el cielo, alguien había traducido la palabra «asma» como «verrugas». O quizá hubiera alguien que tenía verrugas, pero que ese día estaba respirando a las mil maravillas, porque había recibido mi respuesta, mientras que yo había recibido la suya.

Fue entonces cuando oí el susurro del Espíritu Santo por vez primera en mi vida. Es necesario que comprendas que esos susurros del Espíritu son pocos y muy separados entre sí, pero dejan un eco que dura para siempre. El Espíritu le dijo a mi espíritu: *Mark, todo lo que quiero es que sepas que yo puedo hacerlo.*

Como sucedió el día después *del día* en que Dios envió la lluvia como respuesta a la oración de Honi, al día siguiente se me hacía difícil *no* creer. Una vez que alguien experimenta un milagro, no tiene vuelta atrás. Es difícil dudar de Dios. Me pregunto si de esa manera Moisés fue capaz de hacer un círculo alrededor de la promesa imposible de darles a comer carne. Dios ya les había enviado el maná. Dios ya había abierto el Mar Rojo. Dios ya había realizado diez señales milagrosas, y además había libertado a Israel y lo había sacado de Egipto.

¿Cómo es posible *no* creer cuando Dios había demostrado su poder una y otra vez?

Una nota al pie de página.

Esta pregunta: *Acaso el poder del Señor es limitado?*, es traducida de maneras diferentes en las diversas versiones de la Biblia. Una versión dice: «¿Está limitado el poder del Señor?». Otra dice: «¿Acaso mi brazo ha perdido su poder?». En las traducciones en las que se habla de la mano o el brazo de Dios, se está haciendo una mención metafórica del poder divino.

Teniendo todo esto como telón de fondo, piensa de nuevo en los diez milagros que Dios realizó con el fin de liberar a Israel y sacarlo de Egipto. Estos milagros no son atribuidos ni al dedo ni al brazo de Dios.

«*En todo esto anda la mano de Dios*».

Aunque no sabemos cuál de sus manos fue, aquellos diez milagros se le atribuyeron a una de sus manos. ¿Mi opinión? ¡La derecha! Y si una de sus manos es capaz de realizar diez milagros, entonces ¿qué no podrán realizar todos los dedos o el brazo de Dios?

Cuando de la voluntad de Dios se trata, yo intento batear y no toco la pelota. Y mi promedio de bateo en la oración no es mejor que el de ninguna otra persona cuando se trata de batear las curvas que nos lanza Dios. Muchas veces cambio de opinión con respecto a la voluntad de Dios, pero nunca dudo de su poder. Dios puede hacerlo todo. No siempre sé si lo va a hacer, pero siempre sé que es capaz de hacerlo.

Quince mil quinientos millones de años luz

Aunque técnicamente el poder de Dios es imposible de medir, el profeta Isaías nos permite un rápido vistazo a su omnipotencia y su omnisciencia, comparándolas con el tamaño del universo. Compara la distancia que hay entre su sabiduría y la nuestra, entre su poder y el nuestro, con la distancia que hay de un extremo del universo al otro.

«*Mis caminos y mis pensamientos son más altos que los de ustedes; ¡más altos que los cielos sobre la tierra!*».

El universo es tan inmenso que para medirlo se necesita una cinta de medir extremadamente larga. La medida básica para él es el año luz. La luz viaja a razón de trescientos mil kilómetros por segundo, lo cual es algo tan rápido que en el tiempo que utilizamos para chascar los dedos, la luz le da la vuelta al globo terráqueo media docena de veces.

Pongamos en perspectiva la velocidad de la luz y el tamaño del universo: el sol está a 150 millones de kilómetros de la tierra en el momento en que los dos se hallan más distantes. Si pudieras ir en auto hasta el sol, a una velocidad de 105 kilómetros por hora, durante todas las horas de un día, y los 365 días de un año, te tardarías más de 163 años para llegar a él. En cambio, la luz que te calienta el rostro en un día soleado, salió de la superficie del sol hace únicamente ocho minutos. Es decir, que aun cuando 150 millones de kilómetros pueden parecer una larga distancia, de acuerdo al punto de vista de la tierra, pensados en función del espacio, el sol es nuestro vecino muy cercano. El sol es la estrella más cercana a nosotros en nuestra diminuta galaxia, conocida como la Vía Láctea. En el universo hay más de 80.000 millones de galaxias, lo cual, para darnos cuenta mejor, equivale a más de diez galaxias por cada persona que vive en este mundo. No creo que te tengas que preocupar en cuanto a que se te acaben las cosas que puedes hacer cuando llegues al cielo. Va a ser como una caja de arena al estilo de las que usan los niños para jugar, pero inmensamente grande.

En un minuto, la luz recorre 17,5 millones de kilómetros. En un día, recorre 255.000 millones de kilómetros. Y en un año recorre la incalculable distancia de 9.460.682.821.512 de kilómetros. Pero esa distancia es únicamente un año luz. De acuerdo con los astrofísicos, el borde exterior del universo se halla a 24,8 miles de millones de años luz de nosotros. Si eso te parece comprensible es porque resulta virtualmente imposible imaginárselo. Y sin embargo, Dios nos dice que esa es la distancia que hay entre sus pensamientos y los nuestros. Así que esto es lo que me viene a la mente: tu mejor pensamiento, en el mejor de tus días, se halla a 24,8 miles de millones de años luz de lo grande y lo bueno que Dios es en realidad. Hasta los más brillantes de nosotros subestimamos a Dios por la cantidad de 24,8 miles de millones de años luz. Dios es capaz de hacer cosas que se encuentran a 24,8 miles de millones de años luz por encima de todo cuanto tú le puedas pedir o te puedas imaginar.

Por definición, un gran sueño es un sueño más grande que tú. En otras palabras: se halla mucho más allá de lo que tu capacidad humana puede lograr. Y eso significa que habrá momentos en que tendrás dudas. Eso es normal. Pero entonces es cuando necesitas recordar que tu sueño no es más grande que Dios, sino que él es 24,8 miles de millones de años luz más grande que tu sueño. Si nunca has tenido un sueño del tamaño de Dios, que te ha espantado hasta dejarte medio muerto, entonces realmente no sabes lo que es estar vivo. Si nunca te has sentido abrumado por lo imposibles que son tus planes, entonces se trata de que tu Dios es demasiado pequeño. Si tu visión es imposible hasta el punto de dejarte perplejo, entonces necesitas ensanchar el radio de tus círculos de oración.

Cualificado o llamado

Un gran sueño es al mismo tiempo la mejor y la peor sensación del mundo. Es estimulante, porque se halla por encima de tu capacidad, pero es aterrador, precisamente por esa misma razón. Por tanto, si vas a soñar en grande, tienes que saber manejar esa tensión emocional. Enfrentarte a tus temores es solo el comienzo de la batalla. Después tienes que trazar el círculo de nuevo, una y otra vez.

¿Alguna vez has sentido que tu sueño era demasiado grande para ti?

Moisés se sintió así más de una vez. Cuando Dios lo llamó para que sacara a los israelitas de Egipto, él sintió que aquello era demasiado grande. Sintió que no estaba cualificado, así que le pidió a Dios que enviara a otro para que lo hiciera. Esa es la respuesta típica. Mi experiencia me dice que uno nunca se siente cualificado. Pero Dios no llama a los cualificados, sino que cualifica a los llamados.

Yo no reunía las cualidades necesarias para pastorear la National Community Church. La única cosa que tenía en mi currículum vítæ eran las nueve semanas de verano en las que había hecho mi aprendizaje práctico. No teníamos experiencia alguna para meternos en el negocio de las cafeterías. En nuestro equipo no había nadie que hubiera trabajado jamás en una cafetería cuando comenzamos a perseguir ese sueño. Pero no importa si uno califica para el préstamo, califica para el trabajo o califica para el programa. Si Dios lo ha llamado, está cualificado.

Lo importante nunca es: «¿Estás cualificado?». Lo importante siempre es: «¿Has sido llamado?».

Todo el tiempo hago esta distinción entre *cualificado* y *llamado* con aquellos que aspiran a ser escritores. Demasiados autores se preocupan por si les van a publicar su libro o no. Eso no es lo que tienen que preguntarse. La pregunta es otra: ¿has sido llamado a escribir? Esa es la única pregunta que necesitas responder. Y si la respuesta es que sí, entonces debes escribir el libro como acto de obediencia. No importa si alguien lo lee o no.

Recuerdo el día en que entré en la Union Station para investigar si podríamos alquilar los cines para nuestros cultos de los domingos. Me sentía intimidado ante la oportunidad. Me parecía demasiado buena. En aquellos momentos éramos una iglesia con solo cincuenta personas, y la Union Station era el punto de destino más visitado de Washington, D.C. ¿Cómo podrían cincuenta personas celebrar sus cultos en un lugar por donde pasan 25 millones de personas cada año? Apenas llenábamos una sala de estar que fuera un poco grande. ¿Cómo íbamos a llenar la sala que en sus tiempos había sido la más grande bajo un solo techo en el mundo entero? Aquel sueño era demasiado grande para mí, pero nunca ha sido demasiado grande para Dios.

Y lo que parecía demasiado grande terminó siendo demasiado pequeño para contener lo que Dios estaba haciendo en nosotros y por medio de nosotros.

Si quieres seguir creciendo espiritualmente, necesitas seguirte ensanchando. ¿Cómo? Persiguiendo unos sueños mayores que tú. Cuando la NCC era una iglesia de cincuenta miembros, dimos un inmenso paso de fe al llevar a la comunidad un Convoy de Esperanza que alimentó a cinco mil personas.

Sabíamos que aquello iba a necesitar 400 voluntarios. Y sabíamos también que solo disponíamos de cincuenta personas. Pero sentimos que Dios nos estaba llamando a hacerlo.

Hace unos pocos años, fuimos anfitriones de otro Convoy de Esperanza en el Estadio «Robert F. Kennedy». Esa vez alimentamos a diez mil personas. Cuando nos estábamos recuperando de aquel inmenso gasto de tiempo, energía y recursos, sentimos que Dios nos estaba desafiando: *¿por qué no hacen esto todos los días?* Para serte sincero, nos sentíamos muy satisfechos con hacerlo una vez al año, pero Dios había aumentado más aun el desafío. Ahora nuestro sueño es un Dream Center (Centro de Sueños) en el sureste del D.C. que sirva como maquinaria para resolver necesidades las veinticuatro horas del día, siete días a la semana. Eso está por encima de nuestras posibilidades, pero esa es la razón por la que creo que Dios lo va a bendecir.

El complejo de Moisés

Bill Grove tenía un gran sueño. También tenía lo que él mismo describía como un «complejo de Moisés». Su gran sueño era llegar a ocupar el puesto de gerente general de TPC Scottsdale, el principal campo de golf de la Asociación Profesional de Golf en el oeste de Estados Unidos. Sin embargo, ese sueño le parecía al antiguo profesional del golf algo demasiado grande para él. Como Moisés, a Bill le costaba mucho trabajo creer que reunía las cualidades necesarias para ser el gerente del lugar al que la revista *Golfweek* llamaba «uno de los mejores campos de golf de Estados Unidos». Bill dudaba de sí mismo, pero no dudaba de Dios. Estuvo trazando un círculo alrededor de aquel sueño durante más de una década. El momento definidor fue un miércoles por la noche, cuando después de un culto de oración en su iglesia, Bill y su esposa Debbie fueron en su auto con su hija Kacey, de solo ocho años, hasta el TPC Scottsdale y entraron al estacionamiento. Unidos de manos, hicieron un círculo alrededor del edificio del club, como si fuera Jericó. Dieron siete vueltas alrededor de él. Los que estaban cenando en el club les lanzaron unas cuantas miradas extrañas, pero Bill, Debbie y Kacey siguieron dando vueltas alrededor del edificio. Oraron para pedirle a Dios su favor. Oraron por la gloria de Dios. Oraron por la voluntad de Dios.

Con cada círculo que completaban, era como si Dios se estuviera volviendo cada vez mayor. Con cada círculo, la duda sobre él mismo se iba encogiendo, mientras crecía una santa seguridad. Con cada círculo ganaban una batalla de oración.

Poco después de haber trazado ese círculo de oración, Bill consiguió el trabajo de sus sueños, como gerente general de TPC Scottsdale, y Dios ha estado respondiendo su oración durante los diecisiete años que ha estado ocupando ese puesto. El TPC Scottsdale es ahora el anfitrión del mayor torneo de la PGA en el país, y *Condé Nast Traveler*, una de las principales revistas sobre viajes, lo ha nombrado como uno de los cincuenta mejores complejos de golf para visitar en el mundo. Y aunque lo tendrías que descubrir por ti mismo, porque Bill es demasiado humilde para mencionarlo, la Sección Suroeste de la PGA lo ha reconocido por sus logros con uno de sus más altos honores: El Profesional de Golf del Año.

Bill es el primero en darle a Dios toda la gloria por sus logros personales y profesionales. No son testimonio de la grandeza de Bill Grove; son testimonio de lo que Dios puede lograr por medio de un humilde siervo suyo que se atreve a tener grandes sueños y hacer oraciones llenas de osadía.

Una carta a Dios

Permíteme ahora recorrer el trazado de este círculo un poco antes de todo esto.

A veces, cuando uno oye hablar de las respuestas que otros han recibido a sus oraciones, en lugar de animarse, es posible que se desanime, ya que se pregunta por qué Dios ha respondido las oraciones de ellos y no las suyas. Pero permíteme recordarte que raras veces estas respuestas han llegado con tanta rapidez o facilidad como parecen. Suele haber una historia anterior a ellas. Es decir, que celebramos enseguida la respuesta a la oración, pero es probable que esa respuesta no llegara de inmediato. Yo nunca me he encontrado a ninguna persona que no haya pasado por algunas grandes desilusiones mientras recorría el camino hacia su gran sueño.

Bill nunca habría recibido el trabajo de sus sueños, si no hubiera perdido su trabajo de once años como director profesional de un club de golf privado en 1985. Aquello fue un golpe devastador a su ego, aunque perdió el trabajo por una razón justa.

Cuando él no estuvo de acuerdo en que se realizara un negocio injusto, tiraron sus planes por la ventana, y con ellos su trabajo. Bill tenía tanto temor y se sentía tan desesperado, que un día cayó de rodillas en la ducha y clamó al Señor para pedirle misericordia. Oró con la única promesa que podía recordar: «Depositen en él toda ansiedad, porque él cuida de ustedes». Cuenta Bill: «Pasé de entrar en una ducha sintiéndome como si llevara encima 250 kilos, a salir de la misma ducha sintiéndome como si tuviera la fortaleza suficiente para levantar esos mismos 250 kilos».

A veces el poder de la oración es el mismo para seguir adelante. No siempre cambia las circunstancias, pero sí nos da la fortaleza que necesitamos para atravesarlas. Cuando oramos sin desmayar, Dios quita la carga de nuestros hombros para ponerla en los hombros de aquel que llevó la cruz hasta el Calvario.

Después de que Bill hubiera trabajado en lo que se le presentara como profesional del golf durante seis años, él y Debbie desistieron de seguir viviendo en esa forma y volvieron a sus rodillas, porque todavía no estaban más cerca de su sueño que una década antes. Fue entonces cuando decidieron escribirle una carta a Dios. Pusieron la carta en su refrigerador, y cada vez que pasaban junto a él, alababan a Dios al estilo de Jericó, por el trabajo que él le iba a proporcionar.

Durante la década siguiente, un trabajo lo llevó a otro, hasta que Bill consiguió el trabajo soñado como gerente general de TPC Scottsdale. Las cosas no sucedieron de un día para otro, pero sucedieron. Cada vez que necesitaban vender una casa vieja, o conseguir un nuevo trabajo, Bill y Debbie le escribían una carta a Dios y la ponían en el refrigerador. Ese era su estilo exclusivo de hacer un círculo de oración alrededor de su situación. No siempre conseguían lo que querían cuando lo querían. Algunas veces les parecía que Dios se estaba tomando su tiempo, y así era. Pero a Dios nunca se le olvidan las fechas que él mismo ha fijado. Después de más de una década de retrasos y desvíos divinos, Bill consiguió el trabajo soñado alrededor del cual llevaba trazando círculos de oración todo ese tiempo.

¿Es tu sueño demasiado grande para ti? Más te vale que lo sea, porque te va a forzar a trazar círculos de oración alrededor de él. Si lo sigues rodeando con círculos de oración, Dios se te va a volver cada vez más grande, hasta que veas tu oración imposible tal como es: una respuesta fácil para un Dios Todopoderoso.

Notas

Página 10: *Se llamaba Honi*: si deseas leer
más acerca de Honi, ve a la sección
«The Deeds of the Sages», en *The Book
of Legends: Sefer Ha-Aggadah*, editores
Hayyim Nahman Bialik y Yehoshua
Hana Ravnitzky (Nueva York: Schocken, 1992), pp. 202–203. Lee también,
de Abraham Cohen, *Everyman's Talmud*
(Nueva York: Schocken, 1995), p. 277,
y de Henry Malter, *The Treatise Ta'anit
of the Babylonian Talmud* (Filadelfia:
Jewish Publication Society, 1978), p.
270. Nota: Algunas veces, a Honi, el

Hacedor de Círculos, se le llama también Joni, el Hacedor de Círculos, Honi Ha-Me'aggel y Onías, el fabricante de lluvia.

Página 18: *Dios está de nuestra parte*: Romanos 8.31.

Página 23: *«Yo les entregaré a ustedes todo lugar que toquen sus pies»*: Josué 1.3.

Página 23: *Tenía una seguridad como la de Honi*: observa que Dios le hizo originalmente esta promesa a Moisés. Después la promesa le fue transferida a Josué. De una manera muy parecida, todas las promesas de Dios nos han sido transferidas a nosotros a través de Jesucristo. Aunque las promesas se deben interpretar y aplicar de una manera histórica y exegéticamente precisa, hay momentos en los cuales el Espíritu de Dios aviva nuestro espíritu y le transfiere una promesa que le había hecho originalmente a otra persona. Aunque tenemos que ser cuidadosos de no reclamar ciegamente las promesas, pienso que nuestro mayor reto consiste en que no trazamos el círculo alrededor de tantas promesas como deberíamos.

Página 31: «*¿Acaso el poder del SEÑOR es limitado?*»: Números 11.23.

Página 34: *Moisés estaba perplejo.*

Página 39: «*¿Está limitado el poder del SEÑOR?*»: Números 11.23, BLA; «*¿Acaso mi brazo ha perdido su poder?*»: Números 11.23, NTV.

Página 39: «*En todo esto anda la mano de Dios*»: Éxodo 8.19.

Página 41: «*Mis caminos y mis pensamientos son más altos...*»: Isaías 55.9.

Página 52: «*Depositen en él toda ansiedad...*»: 1 Pedro 5.7.

Nos agradaría recibir noticias suyas.
Por favor, envíe sus comentarios sobre este libro
a la dirección que aparece a continuación.
Muchas gracias.

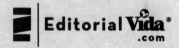

Vida@zondervan.com
www.editorialvida.com